AF371149

PROSOPOPE'E
DE HENRY LE GRAND,
TRES-CHRESTIEN ROY
DE FRANCE ET DE
NAVARRE.

Au bout de l'an de son trespas.

A PARIS.

CIƆ IƆC. XI.

MONSEIGNEVR,

Vous auez veu cy-deuant quelques vers portans tesmoignage de mon deuoir & de mon affection à la memoire heureuse de nostre tres-glorieux Prince HENRY LE GRAND, en voicy encores d'autres d'vn pareil sujet, qui ne faisant que naistre me pressent desià de mandier pour eux vostre faueur ; ce que ie fay sans crainte d'estre refusé sur l'asseurance que i'ay que vous cherirez tousjours tout ce qui sera honoré du nom de ce grand MONARQVE. Ne trompez point, s'il vous plaist, MONSEIGNEVR, ma creance, & vous ferez croistre le desir que i'ay de vous continuer les vœux de mon tres-humble seruice.

PROSOPOPE'E
DE HENRY LE GRAND,
TRES-CHRESTIEN ROY
DE FRANCE ET DE
NAVARRE.

Au bout de l'an de son trespas.

Jour ! mais plustost nuit, ô iour qui re-
nouuelles
Le sanglant souuenir de nos pertes
cruelles !
Iour à celuy pareil qui estoit ordonné
Pour rauir ce grand Roy, cet HENRY DIEV-
DONNE',
Et se rendre tout seul de nos larmes coupable !
Las parmy les sanglots & la voix pitoyable
Des adeulez, François, ô iour que ie maudy !
D'vn iambe fieleux haufsé d'vn ton hardy :
Dois-ie faire cacher ta face tenebreuse,
Et rendre ta clarté à la France odieuse ?
Ah non mal-heureux iour ! mon ïambe aussi bien
Et toute son aigreur n'adjouteroit plus rien

A la haine qu'elle a trop iuſtement conceüe
Contre tes feux nuiſans, qui traitres l'ont deceüe
Ayans à ce mal-heur lâchement eclairé
Qui pilla tout l'honneur qu'elle auoit eſperé.
Puis vn autre ſujet en autre part me torne.

   La Lune douze fois auoit monſtré ſa corne
Nouuelle dans le Ciel, & encor douze fois
Reſerrée l'auoit, depuis que les François
Du Phœnix de leurs Rois pleurerent ſur la tombe
(Qu'il eſt vray qu'en dormant dedãs l'eſprit nous tõbe
Le penſer qui nous a veillans entretenus)
Quand mes membres du ſomme à peine eſtans tenus
(I'auoy comme le iour la nuit en la pensée
De HENRY mon grand Roy preſque entiere paſſée)
I'apperceu deuant moy vn image mouuant,
Or ſuyant en arriere, or venant en auant,
(Non qu'il allaſt ainſi, mais mon ame etonnée
Luy auoit de ſa peur la demarche donnée)
Puis en fin ſ'arreſtant, qui d'vn plaiſant ſouris
M'ayant oſté la peur & calmé mes eſpris,
D'vne greſlette voix entre douce & plaintiue
Me dit, aſſeure toy, c'eſt ton Roy qui arriue.

   A ces mots ie conneu de mon Prince les yeux,
Son front thrône de Mars & ſon ris gracieux,
Bref ie le conneu tout quoy que bien diſſemblable
A celuy qui ſouloit d'vn regard amiable
Reſioüyr ſes ſujets, & d'vn regard guerrier
Ceux-là meſme étonner qui auoient d'vn laurier

En cent combats gaigné la teſte enuironnée.
  Sa cheuelure eſtoit ſans ordre abandonnée
Sur ſon col decharné, ſes yeux à demy clos
Sentoient encor la main de l'iniuſte Atropos,
Son front ſiege jadis & des loix & des armes
N'eſtoit plus ce front là qui parmy les alarmes,
Les piques, les mouſquets, les lances, les eſcus,
Faiſoit tomber le cœur aux Eſpagnols vaincus,
Son teint eſtoit pareil à celuy d'vn malade
Qui de crainte ſurpris iette vne foible œillade
Sur le bras chirurgien qui fait füyr de rang
Loin de la veine ouuerte à gros boüillons le ſang,
Qui preſſé de courir par cil qui vient derriere
Suit fumeux du premier la ſortie legere,
Sa bouche qui le temple eſtoit de verité
Ne gardoit plus alors ſa premiere beauté,
Sa léure que lon vit plus vermeille que roſe
Sembloit bien roſe encor, maais non pas quand écloſe
De nouueau le matin ſon viſage vermeil
Et ſa robe de pourpre elle étalle au Soleil,
Ains comme elle eſt alors que la nuit retournée
Nous la fait voir du chaud du iour demi-fanée,
Ce bras victorieux ne ſembloit plus ce bras
Qui paua de corps morts les champs pres de Coutras,
Fit vne mer de ſang en la campagne d'Arques,
Et laſſa pres d'Iury les filandieres Parques,
Qui à peine pouuoient trencher les noirs fileʒ
De ceux qu'au bas Royaume il auoit deualeʒ,

A iↄ

Ce bras n'eſtoit plus tel, & cette main encore
Qui s'eſtoit fait priſer du Scythe iuſqu'au More,
Qui d'vn ſceptre d'amour gouuernoit les François,
Qui pour nous conſeruer & pour garder ſes droits
Fut au ſang des haineux (iamais des ſiens) trempée,
Ne tenoit plus alors ny ſceptre ny eſpée,
Mais paſle , décharnée eſtoit ſur le coſté
Auquel fut le coûteau traitreuſement planté
Et couuroit à demy cette mortelle playe,
(O Dieux , hé vous voulez que le mortel vous paye
Ce qu'à voſtre iuſtice on nous conte eſtre deu ,
Apres que vous auez de voſtre thrône veu
Cette playe eſtre faite , & que l'auez permiſe !)
Par là ce cœur qui fut l'autel de la franchiſe
Se monſtroit découuert , ce cœur qui ne cacha
Rien contraire aux propos que ſa langue lâcha ,
Qui fut à l'ennemy comme au ſien admirable ,
Mais de l'vn enuié , à l'autre deſirable ,
Ce cœur dont les vertus ſaintement i'adoray ,
Dont les perfections vniques i'honoray ,
Où i'admiray ſouuent en vn viſible ſigne
L'amour du Souuerain & ſa grace Diuine ,
Ce cœur qui receloit encor dans ce coſté
D'vne grand' playe ouuert la ſainte Majeſté
Que viuant ce grand Roy portoit ſus le viſage.

Ainſi parut à moy de ce Prince l'image
Tout different de ſoy , ſinon que lon voyoit
La meſme Majeſté que viuant il auoit

Luire encor dans ſes yeux, ſur ſon front, en ſa face.
„ (La Majeſté des Rois par la mort ne s'efface)
O ioy' meſlé de pleurs ! ô doux rauiſſement !
Qui retins lors mes ſens meſlé d'eſtonnement,
Quand ie vy deuant moy le portrait de mon Prince,
Penſif ie fus long temps auant que i'entreprinſe
De bouger de ma place, ou vers luy m'auancer,
Puis tout d'vn coup rauy ie voulu l'embraſſer
Et lauer de mes pleurs cette playe cruelle.
  Arreſte, me dit-il, ta nature mortelle
Ne te permet plus pres de mon corps t'aproucher,
„ L'homme ne doit les Saints pleins de gloire toucher,
Celà t'eſt reſerué quand vingt ou trente années
D'vn cours viſte-ſuyant ſur ton chef retournées
Auront tout ton mortel ſous la tombe rangé,
Et l'eſprit né du Ciel dans le Ciel relogé,
Ce ſera lors qu'heureux nous chanterons enſemble
„ (Le Ciel dans ſon Palais Rois & ſujets aſſemble)
Les loüanges de Dieu, & les faits merueilleux
De ſa dextre adorable à nos futurs neueux,
Et de nos peres vieux auant nous adorée.
Cependant oy la voix que tu as honorée
De ton Roy bien-aimé, & graue dans ton cœur
Tous mes propos, à fin que de l'oubly vainqueur
Comme miniſtre éleu de ton Roy qui fait conte
De ton affection, vn iour tu les raconte
Au peuple qui m'aima, & de moy fut aimé.
  Tout ce qui eſt çà bas des mortels eſtimé

Où bon-heur ou mal-heur n'a pas telle nature,
Mais l'homme fol ainſi le iuge à l'auanture,
Ma naiſſance & ma mort en ſeront les teſmoins.

Alors que ie naſquis on ne croyoit rien moins
Qu'vn iour me voir porter la couronne de France,
Ainſi que ie naſquy ie paſſay mon enfance
Parmy mille dangers : on nommoit lors mal-heurs
Mes peines, mes trauaux, mes ennuis, mes douleurs,
Et Dieu par là dreſſoit le chemin à la gloire
Dont il vouloit benin honorer ma memoire.

Si la proſperité alors que ie fus né
Et depuis m'euſt touſiours conſtante accompagné,
Si ſans rougir le fer au ſang des aduerſaires
Je me fuſſe logé au thrône de mes peres,
Tel peuple qui lointain mon courage a chery
N'euſt, peut-eſtre, pas ſçeu le nõ du GRAND HENRY,
Et l'Eſpagnol portant ma valeur imprimée
Deſſur ſon dos, iamais n'euſt craint ma main armée
Et loüé ma vertu, ny la France n'euſt pas
Eu l'obligation qu'elle a ore à mon bras
Qui apres cent mal-heurs puiſſant l'a reſtaurée,
Et de tous ſes voiſins l'a renduë honorée.
Ainſi ce qui eſtoit à ma natiuité
Pris pour vn grand mal-heur, ſeruoit à la clarté
Future de mon nom que tout le monde honore.

De meſme en mon treſpas ce qu'on eſtime encore
Eſtre vn mal-heur extrême, eſt mal-heur en effet,
Mais c'eſt pour le chetif qui vn grand crime a fait

En

En meurtriſſant ſon Roy (ſon Roy que Dieu com-
D'aimer, & d'obeyr à la puiſſance grande   (mande
Qu'il luy met en la main, & non de s'éleuer
Contre luy, & cruel de vie le priuer)
Et pour vous, bõs Frãçois, qui perdeʒ vn bon Prince,
Qui trauailloit ſoigneux au bien de ſa Prouince,
Vous aimoit tendrement, & faiſoit renommer
Vos armes par delà & l'vne & l'autre mer,
Mais pour moy le nommãt vn mal-heur on ſe trõpe.
    Deſià plus de vingt ans plein de gloire & de pompe
J'auois ou par le fer mon heritage acquis,
Ou regi par les loix apres qu'il fut conquis,
I'auoy de mon Royaume eſtendu les frontieres,
I'auoy de mes maiſons fait des villes entieres,
Enrichy tout mon peuple, & pour fortifier
Mon Loüys, mon Dauphin, mon fils, mon heritier,
I'auois vn grand treſor ſerré dans ma Baſtille,
I'auoy rendu Paris vn monde d'vne ville,
Vn monde où l'eſtranger gouſtoit la meſme loy
Comme le citoyen, heureux i'auoy la foy
Et la religion par la douceur placée
Aux villes d'où la force auant l'auoit chaßée.
I'eſtoy, graces à Dieu, armé & deſarmé
Egalement en paix & en guerre eſtimé,
Mes plus puiſſans voiſins ne refuſoient de prendre
De leur accord les loix de mon ſceptre, & me rendre
Arbitre ſouuerain de tous leurs differens.
Meſmes les Ottomans & ceux qui ſont errans

B

Comme au pays encor en la foy eſtrangere,
Quoy que leur cimeterre & leur fléche legere
De maintes regions les rendent gouuerneurs
Dont ils ont dechaſſé les anciens Seigneurs,
Se ſentoient bien - heureux d'auoir mon alliance,
Et vantoient mon honneur & celuy de la France.

Que me reſtoit-il plus ayant veu écoulez
Ià cinquante ſept ans ſur ma teſte roulez
Auec tant de bon - heur, de puiſſance & de gloire,
Que me reſtoit-il plus pour rendre ma memoire
Perdurable, ſinon receuoir du treſpas
L'ineuitable coup & ne le ſentir pas ?
Telle mort deſiroit Ceſar l'honneur de Rome,
Non vne lente mort qui peu à peu conſomme
Tout ce qui eſt en nous & meilleur & plus beau
Auant que nous ſoyons deſtinez au tombeau.

Vn Roy qui meurt au lit chargé de maladie
Auant le dernier iour de ſa mortelle vie
A ſouuent la douleur de voir qu'il n'eſt plus Roy,
Que lon rend plus d'honneur à vn autre qu'à ſoy,
„ (Du fils en ce point là l'honneur fàche le pere)
Il n'entend plus parler de l'eſtat ny d'affaire,
Il a le nom de Roy, la charge vn autre en fait,
Et ſortant de ce monde emporte ce regret
D'auoir auant ſa mort veu ſa place occupée.
Où i'ay tant que Cloton a filé ma fuſée
Sans ce ſoupçon craintif d'auoir vn compagnon
Fait trembler les plus grãds au ſeul bruit de mõ nom,

Et libre de douleur ay mis fin à ma vie
Qui fut durant son cours diuersement suiuie
De peine & de plaisir, goustant or dans le Ciel
Des esprits bien-heureux le plaisir eternel,
Receuant en ma fin encor cet auantage
Que lon dit que la Mort redoutant mon courage
Craintiue n'osa pas me prendre ouuertement,
Mais pour faire son coup me prit traitreusement.

Or i'ay de mes sujets oüy les iustes plaintes,
Veu rouler les torrens de leurs larmes non feintes,
I'ay prisé leur deuoir, & plein d'affection
Bon pere les ay pris en ma protection,
Offrant par chacun iour à Dieu mille prieres
Qu'il vueille les tenir en la foy de leurs peres,
Garder leur heritage, & iuste les venger
Si l'ambitieux bras d'vn Monarque estranger
Vouloit iniustement sur leur terre entreprendre.
Il leur reste sans plus qu'ils ne se vueillent rendre
D'eux-mesmes les meurtriers, & troubler le repos
Que ie leur ay acquis, qu'ils chassent les propos
Qui peuuent entamer la paix & la concorde,
,, Vn Royaume est trop fort quand le peuple s'accorde,
,, Foible quand on y met de la diuision.

Viuez, François, viuez en la mesme vnion
Où ie vous ay laissez, honorez vostre Prince,
Et humbles respectez les loix de la Prouince
Où vous passez vos iours. Ainsi le Roy des Rois
Vous vueille en son Palais receuoir quelque fois,

Où tous à qui mieux mieux meslez, auec les Anges
Chanterons à iamais ses Diuines loüanges.
Vn semblable propos ce Prince me parla,
Puis bien loin de mes yeux dans le Ciel s'enuola,
Et mon ame apres luy se guindoit sur le Pole
S'il ne m'eust ordonné porteur de sa parole.

TARTIERE.